BORDIGHERA POETRY PRIZE 12

No Day, No Dusk, No Love

by
Carla Panciera

Nessun giorno, nessun crepuscolo, nessun amore

traduzione di
Luigi Bonaffini

BORDIGHERA PRESS

Library of Congress Control Number 2010914479

The Bordighera Poetry Prize
is made possible by a generous grant from
The Sonia Raiziss-Giop Charitable Foundation.

© 2010 by Carla Panciera and Luigi Bonaffini

Cover art: "Leaving Vermont, Too" by Priscilla Serafin, 2009.
Cover design by Deborah Starewich.

All rights reserved. Parts of this book may be reprinted only by written permission from the author, and may not be reproduced for publication in book, magazine, or electronic media of any kind, except in quotations for purposes of literary reviews by critics.

Printed in the United States.

Published by
BORDIGHERA PRESS
John D. Calandra Italian American Institute
25 W. 43rd Street, 17th Floor
New York, NY 10036

BORDIGHERA POETRY PRIZE 12
ISBN 978-1-59954-024-5 (softcover)
ISBN 978-1-59954-023-8 (hardcover)

No Day, No Dusk, No Love

Nessun giorno, nessun crepuscolo, nessun amore

Acknowledgments

The author is grateful to the editors of the following magazines in which some of these poems have appeared: *The Sycamore Review* ("After My Nephew Reads My Poem About the Cow That Got Stuck in a Tree"), *The Comstock Review* ("Elegy for the Perfect Bones"; "Standing on the Shore, Wells, Maine"), *Pinyon* ("Where We Were"), *Tar Wolf Review* ("Homesick at the Sober Pot Luck"; "The Only Other Person in the World"), *Buckle &* ("This Time of Day"), *Eclipse* ("Alone in the Tiverton House"), *The Portland Review* ("Here and Then"), *The Saranac Review* ("Bayside"), *Freshwater* ("I Wish My Love Was a River"; "Poem for Rain After a Month of Rain"), *RHINO* ("My Stupid Cow Has a Name"; "At Helen's House"), *Bryant Literary Review* ("For My Mother Who Has Never Been to Cape Cod"), *Folio* ("Massachusetts Aftermath"), *Clare* ("In His Mother's Kitchen"), *Cider Press Review* ("A Bird in Period Three British Literature"; "Halfmoon Pond, Summer 2005"), *Bayou* ("Pond Edge"; "Here's to John Grimes"), *California Quarterly* ("Late Blooming"), *Steam Ticket* ("Ice Skates"), and *Brink* ("The Sakonnet River"; "The Dog Returns to a Quiet House").

This book would not have been possible without the support of friends, fellow writers, and insightful critics, Dennis Donoghue and Rebecca Kinzie-Bastian. Thanks to Holly Robinson for a push in the right direction and to the Sonia Raiziss-Giop Foundation for their generosity. Belated thanks to my students at Burlington High School for bringing me back to poetry and to the women of the Ipswich Poetry Group. Many of these poems were written in Hancock, NH, in Tiverton, RI, and during a week at the Fine Arts Work Center in Provincetown, MA. For these places, thanks to the staff at Boston University's Sargent Center, to Dorothy Antczak, the Agha Shahid Ali Scholarship committee, and to Jim Moore and his workshop. Finally, I am grateful to Steve, Ellen, and Valerie Bzomowski who loaned me a river view.

Ringraziamenti

L'autrice è riconoscente ai direttori delle seguenti riviste su cui sono apparse alcune di queste poesie: *The Sycamore Review* ("After My Nephew Reads My Poem About the Cow That Got Stuck in a Tree"), *The Comstock Review* ("Elegy for the Perfect Bones"; "Standing on the Shore, Wells, Maine"), *Pinyon* ("Where We Were"), *Tar Wolf Review* ("Homesick at the Sober Pot Luck"; "The Only Other Person in the World"), *Buckle &* ("This Time of Day"), *Eclipse* ("Alone in the Tiverton House"), *The Portland Review* ("Here and Then"), *The Saranac Review* ("Bayside"), *Freshwater* ("I Wish My Love Was a River"; "Poem for Rain After a Month of Rain"), *RHINO* ("My Stupid Cow Has a Name"; "At Helen's House"), *Bryant Literary Review* ("For My Mother Who Has Never Been to Cape Cod"), *Folio* ("Massachusetts Aftermath"), *Clare* ("In His Mother's Kitchen"), *Cider Press Review* ("A Bird in Period Three British Literature"; "Halfmoon Pond, Summer 2005"), *Bayou* ("Pond Edge"; "Here's to John Grimes"), *California Quarterly* ("Late Blooming"), *Steam Ticket* ("Ice Skates"), and *Brink* ("The Sakonnet River"; "The Dog Returns to a Quiet House").

    Questo libro non sarebbe stato possibile senza il sostegno di amici, di altri scrittori e di critici accorti come Dennis Donoghue and Rebecca Kinzie-Bastian. Ringrazio Holly Robinson per avermi mostrato la strada giusta e la Fondazione Sonia Raiziss-Giop per la sua generosità. Ringraziamenti tardivi ai miei studenti della Burlington High School per avermi ricondotto alla poesia e alle donne dell'Ipswich Poetry Group. Molte di queste poesie sono state scritte a Hancock, NH, a Tiverton, RI, e durante una settimana al Fine Arts Work Center di Provincetown, MA. Per questi luoghi ringrazio il personale del Sargent Center dell Università di Boston, Dorothy Antczak, il comitato per la borsa di studio Agha Shahid Ali, e Jim Moore e il suo gruppo di lavoro. Sono infine grata a Steve, Ellen and Valerie Bzomowski che mi hanno prestato una vista sul fiume.

*For Dennis and for our daughters, Beatrice, Apphia, and Justina.
My favorite place is wherever you are.*

*Per Dennis e le nostre figlie, Beatrice, Apphia, e Justina.
Il mio posto preferito è ovunque voi siate.*

Contents

Standing on the Shore, Wells, Maine 12
This Time of Day 14
This is What it Means: Allegory 16
The Sakonnet River 20
Descent 22
In His Mother's Kitchen 26
Elegy for the Perfect Bones 32
Pond Edge 34
After My Nephew Reads My Poem
    About the Cow That Got Stuck in a Tree 38
Here and Then 42
Emma Poem 44
For My Mother Who Has Never Been to Cape Cod 46
Whose Place Is It, Anyway? 48
Late Blooming 52
The Dog Returns to a Quiet House 54
I Wish My Love Was a River 56
Massachusetts Aftermath 58
Something for the Man Who Has Everything 60
My Stupid Cow Has a Name 62
Halfmoon Pond, Summer 2005 68
Where We Were 70
A Bird in Period Three British Literature 72
Ice Skates 76
Homesick at the Sober Pot Luck 78
At Helen's House 80
The 4-H Club's First Spring 84
The Only Other Person in the World 88
The Ancients Called it Sun 92
Poem for Rain After a Month of Rain 96
The Good Selfishness 98
Here's to John Grimes 102
Bayside 104
Alone in the Tiverton House 106

INDICE

Sulla riva, a Wells, Maine	13
Quest'ora del giorno	15
Significa questo: allegoria	16
Il fiume Sakonnet	21
Discesa	23
Nella cucina di sua madre	27
Elegia per le ossa perfette	33
L'orlo dello stagno	35
Dopo che mio nipote legge la mia poesia sulla mucca che rimase intrappolata su un albero	39
Qui e allora	43
Poesia di Emma	45
Per mia madre che non è mai stata a Cape Cod	47
Ma allora di chi è questo posto?	49
Tarda fioritura	53
Il cane torna a una casa silenziosa	55
Vorrei che il mio amore fosse un fiume	57
Il dopo a Massachussetts	59
Qualcosa per l'uomo che ha tutto	61
La mia stupida mucca ha un nome	63
Lo stagno della mezzaluna, estate 2005	69
Dove eravamo	71
Un uccello alla terza ora di letteratura inglese	73
Pattini da ghiaccio	77
Nostalgia di casa a una cena sobria di potluck	79
A casa di Helen	81
La prima primavera del circolo 4-H	85
L'unica altra persona al mondo	89
Gli antichi lo chiamavano sole	93
Poesia per la pioggia dopo un mese di pioggia	97
L'egoismo buono	99
A John Grimes	103
Sulla baia	105
Sola nella casa di Tiverton	107

Standing on the Shore, Wells, Maine

It's the world at our backs here, it's being first in line,
    coming upon the empty beach, the view so unimpeded
it splits the sternum as surgically as a blade so that ribs
    unhinge from ribs and bloom.

Blood and gore and thumping mechanisms introduce themselves
    to world. Nothing ends. Not body cavity, not this planet
at its horizon. Or so it seems standing here, salt air at work
    on textbook places, the sand cadaverous with light.

The sea rolls out its worry stones, re-winds and leaves
    a suture on the shore. The hiss of retreat, the rush
of return, the water at its earth. But the world is back there, too,
    pulling us with its own moon-strings.

Its panoramas, drawn to scale, dot sky. Avenues well mapped
    are named for trees and other things with roots.
We will return there, sewn up, although it is more believable we came
    from nowhere at all. In our lungs, sea settles anciently.

Sulla riva, a Wells, Maine

Qui è il mondo alle spalle, è essere primi in fila,
    trovando la spiaggia vuota, la vista così libera
che fende lo sterno con la precisione chirurgica di una lama
    così costola si scardina da costola e fiorisce.

Sangue e scempio e tonfo di congegni si presentano
    al mondo. Niente finisce. Né le cavità del corpo, né questo pianeta
al suo orizzonte. O così sembra stando qui, l'aria salina che agisce
    su luoghi da manuale, la sabbia cadaverica di luce.

Il mare srotola le sue pietre scacciapensieri, si riavvolge e lascia
    una sutura sulla riva. Il sibilo della ritirata, l'impeto
del ritorno, l'acqua alla sua terra. Ma anche il mondo è là dietro,
    e ci trascina con le sue corde lunari.

I suoi panorami, disegnati in scala, punteggiano il cielo. Strade ben tracciate
    portano il nome di alberi o altre cose che hanno radici.
Ritorneremo qui, ricuciti, benché sia più facile credere che non siamo venuti
    da nessun posto. Il mare si acquieta anticamente nei nostri polmoni.

This Time of Day

I am drawn to things with no edges —
the middle of night, this empty bed,
its sheets, yanked from their corners, heaped in the center,

a sky like the one out the window, clouds scudding off, a sky
that cannot hold light in place long enough for me to remember
what color — umber, ochre, pearl — made me pause.

This time of day never passes through me for another.
High drama before darkness, our memories so much smaller
than the epic clouds that, even when we can't see them, reconfigure.

So you were not right, not really, when you said true beauty lingers.
These landscapes stay inside me, but as longing.
I want to lie down and let you feel my body for it.

But you are gone, and I am left with late afternoon's lesson:
No day, no dusk, no love, begins or ends in a moment;
no day, no dusk, no love, repeats its beauty or its sadness.

Over black trunks, over bare and blacker lower branches,
an indiscriminate sun gilds the tips of trees,
resorts to art before sinking away.

Quest'ora del giorno

Mi attirano le cose senza spigoli —
il cuore della notte, questo letto vuoto,
le sue lenzuola, strattonate agli angoli, ammucchiate al centro,

un cielo come quello fuori della finestra, nuvole che guizzano via, un cielo
che non riesce a trattenere la luce quanto basta a farmi ricordare
quale colore — terra d'ombra, ocra, perla — mi ha fatto sostare.

Quest'ora del giorno non mi attraversa mai per un'altra.
Alto dramma prima dell'imbrunire, i nostri ricordi sono molto più piccoli
delle epiche nuvole che cambiano forma anche quando non si vedono.

Dunque non avevi ragione, non proprio, quando hai detto che la vera bellezza
    [perdura.
Questi paesaggi mi rimangono dentro, ma come nostalgia.
Voglio sdraiarmi e fartela toccare sul mio corpo.

Ma tu sei andato via, ed io sono rimasta con la lezione del tardo pomeriggio:
Nessun giorno, nessun crepuscolo, nessun amore, comincia o finisce in un
    [momento;
nessun giorno, nessun crepuscolo, nessun amore ripete la sua bellezza o la sua
    [tristezza.

Su tronchi neri, su rami bassi, nudi e più neri,
un sole capriccioso indora le cime degli alberi,
ricorre all'arte prima di naufragare.

This is What it Means: Allegory
for Beatrice

What you want is a turtle.

Unless I find one trawling grass
on her way to an egg spot,
how can I deliver this wish?

So I bring you to the window
and show you:
Two turtles on a log.

Not good enough,
so I add: *They're having a statue contest.*

*Blinking is allowed, as is
craning their wrinkly necks
for a cowl of sun.*

Observation, your silence
is not unexpected. Your world
has always been quiet
as a pond.

*The duck wiping a mirror
free of algae should not
be a distraction, I say.*

*Nor should the jug strum
of the bullfrog,
that loveless neighbor.*

But you want a turtle
the way you wanted
a second piercing
in your ear,
a third dog,
root beer.

Significa questo: allegoria
per Beatrice

Ciò che vuoi è una tartaruga.

A meno che non ne trovi una che sciabica erba
andando verso il posto delle uova.
come faccio a esaudire questo desiderio?

Così ti porto alla finestra
e ti faccio vedere:
Due tartarughe su un ceppo.

Non basta,
così aggiungo: *Stanno facendo una gara di statue.*

È permesso battere le palpebre, come pure
allungare il collo rugoso
per un cappuccio di sole.

Osservazione, il tuo silenzio
non è inatteso. Il tuo mondo
è sempre stato silenzioso
come uno stagno.

L'anatra che ripulisce uno specchio
dalle alghe non dovrebbe essere una distrazione, dico io.

Né dovrebbe esserlo la strimpellata di brocca
della rana toro
quel vicino senza cuore.

Ma tu vuoi una tartaruga
come volevi un secondo piercing
all'orecchio,
un terzo cane,
una root beer.

And you, Persistence,
could achieve this.

On your quads used
to handsprings,
back walkovers, tricks
unimaginable to the carapaced,
to the middle-aged,
you can frog-crouch forever.

The flies are playing, too,
the ultimate game
of chicken, gambling
that statues don't have appetites.

Tolerance. A sigh.

Archetype, you restate your question
without speaking:
Is this something my mother can do?

You are Possibility
who looks at me
as if the edges aren't blurred with reeds,
the branch in the pond's true center.

Why isn't it enough, the idea alone?
The idea and this devoted listener.

It will only be a little longer now
before Knowledge, before Fear,
before you understand.

Your mother can't get those turtles
despite your wishing.

Her only net
is story.

E tu, Persistenza,
potevi riuscirci.

Sui tuoi quadricipiti abituati
alle capriole sulle mani,
salti all'indietro, trucchi
inimmaginabili a chi ha il carapace,
a quelli di mezza età,
tu puoi rimanere accovacciata come una rana per sempre.

Anche le mosche fanno
il gioco estremo
della gallina, scommettendo
che le statue non hanno appetito.

Tolleranza. Un sospiro

Archetipo, tu ripeti la tua domanda
senza parlare.
Questo è qualcosa che può fare mia madre?

Tu sei Possibilità
che mi guarda
come se i margini non fossero velati dalle canne,
dal ramo nel vero centro dello stagno.

Perché non basta, l'idea in sé?
L'idea e questo ascoltatore devoto.

Manca poco ormai
prima della Conoscenza, prima della Paura,
prima che tu capisca.

Tua madre non può prendere quelle tartarughe,
benché tu lo voglia.

La sua unica rete
è il racconto.

The Sakonnet River

Her name means Haunt of the Wild Black Goose.

Yesterday, wind made a sea of her, blew her
green, and later, roiling black fringed with white.

Left behind: coyote skull, canines bared at a ridge of shells,
the stone-worn handle of a sugar bowl, purple, a knot of yellow rope.

This morning she is slate, then a deep, oceanic blue.
She curls over her bank, a conciliatory lapping.

She has stranded a rowboat in the low branches of a tree,
propellered oars into a field.

She keeps the family lost in her as if
they never set out for home, as if no version told the truth.

> And the final confidences of the young man who lay beside her,
> the prayers of the woman who mistook fog for something that would hold her?

The river can't return everything she has swallowed.

Nights, starred with lights from the opposite shore,
she is her own sky, archivist, opportunist.

Il fiume Sakonnet

Il suo nome significa: Rifugio dell'Oca Nera Selvatica.

Ieri il vento ne ha fatto un mare, l'ha reso verde
coi suoi soffi, e più tardi nero torbido orlato di bianco.

Lasciati dietro: teschio di coyote, canini scoperti a un crinale di conchiglie,
il manico di una zuccheriera consumato dai sassi, violaceo, un nodo di corda
    [gialla.

Stamattina è di ardesia, poi un blu intenso, oceanico.
Si raggomitola sulla sua riva, un avvolgersi conciliatorio.

Ha fatto arenare una barca a remi nei rami bassi di un albero,
remi come eliche in un campo.

Mantiene la famiglia persa in lui come se
non si fossero mai avviati verso casa, come se nessuna versione dicesse la verità.

    E le ultime confidenze del giovane sdraiato accanto a lui,
      le preghiere della donna che scambiò la nebbia per qualcosa che la stringesse?

Il fiume non può ridare tutto quello che ha ingoiato.

Notti, stellate di luci dall'altra sponda,
lui è il suo proprio cielo, archivista, opportunista.

Descent

Young dogs disloyal in their indifference
chase gulls here, swim. They loll about the lawn
ignoring tracks of last night's pack.

Hours before, if the coyotes' yips stirred
an evolutionary wish, they did so in dreams
where Saconnets gutted tautog, scup.

Glistening entrails pearled the shore,
and tricksters watched from badgers' dens.
This was their water then.

But this visitation is lost on dogs
who come when called, who whimper
in their sleep at apparitions.

Those coyotes share their myths, instead,
with one terrier who stalked the meadow
veined with scent, as he knew they had.

Cancerous bulb a nascent portent, years away,
he chewed his way into a world
of order and digested its sofas and factory

chocolates. He opened doors and let himself
outside to leap the walls of compost bins
designed to ward off the ravenous.

Sliced pads mapped his progress. A mangled ear
attuned to trespass, he kept big dogs alert.
Nothing to lose is not nothing at all.

Blind as a prophet, insensitive to any call
those final years, he waded belly deep in water
and divined the glacial origins of Narragansett Bay,

Discesa

Cani giovani sleali nella loro indifferenza
inseguono gabbiani qui. Oziano sul prato
trascurando le impronte del branco di ieri sera.

Alcune ore prima, se i guaiti dei coyote
hanno ridestato un desiderio di evoluzione, l'hanno fatto in sogni
in cui Saconnet ha sventrato globicefali, pagri.

Fulgide viscere imperlavano la riva,
e burloni guardavano dalle tane dei tassi.
Questa allora era la loro acqua.

Ma questa visitazione non interessa i cani
che vengono se chiamati, che nel sonno
uggiolano alle apparizioni.

Quei coyote condividono i loro miti, invece,
con un terrier che s'aggira furtivo per il prato
venato di tracce, sapendo che l'avevano fatto anche loro.

Bulbo canceroso un portento nascente, anni a venire,
si è fatto strada a morsi in un mondo
di ordine e ha digerito i suoi sofà e i suoi cioccolatini

di fabbrica. Ha aperto porte ed è uscito fuori
per saltare sui muri di contenitori di concime
fatti per tenere lontano gli affamati.

Zampe rigate di tagli tracciavano il suo progredire. Un orecchio mutilato
attento agli intrusi, teneva all'erta i cani grossi.
Niente da perdere non è niente del tutto.

Cieco come un profeta. insensibile ad ogni richiamo
in quegli ultimi anni, guadava immerso fino al ventre nell'acqua
e divinava le origini glaciali della Baia di Narragansett,

the ice sheet carving out a place to hold
the global risings of the seas, a grave of nomad skulls,
bone tools, boat hulls, the alphabet metal

of a broken catch from a hundred lockets,
Saconnet jaw and Wampanoag rib, the settlers'
ground stakes, scat.

Nothing remains but history. These young dogs,
helpless as ungulates sensing the pack,
know nothing — how could they, mere mortals? — of that.

le lastre di ghiaccio che si ritagliavano un posto per fermare
l'innalzamento globale dei mari, una tomba di teschi di nomadi,
strumenti d'osso, scafi di barche, l'alfabeto metallico

di un fermaglio rotto di cento medaglioni,
mascella di Saconnet e costola di Wampanoag, i paletti
dei coloni, escrementi.

Niente rimane tranne la storia. Questi cagnolini,
inermi come ungulati che avvertono il branco,
non sanno nulla — come potrebbero, semplici mortali? — di tutto questo.

In His Mother's Kitchen

There used to be others there
in his mother's kitchen,
but what with death, with longing,
there were two.
Two and still
the polenta on the table,
and bone enough
for soup.

The windows steamed,
the meal sacks bleached and drying
on a rack, like, he imagined,
the underthings of women,
the ghost clothes
of an unborn child, my father
sat for dinner,
tore hard bread
into pieces.

His mother ladled broth
for a son who had been
a sickly boy, a smart one.
She had a small mouth,
unforgiving despite her generosity.
Out of habit she hovered,
as if impatient
instead of wary.

But now, his cows milked,
his barns built, his fields
cleared of oak and stone,
what reason did she have
to worry?

Nella cucina di sua madre

Una volta c'erano altri lì
nella cucina di sua madre,
ma con la morte, la nostalgia,
erano in due.
Due e ancora
la polenta sulla tavola,
e abbastanza osso per la minestra.

Le finestre fumavano,
i sacchi di farina di granturco sbiancati e messi ad asciugare
su una rastrelliera, come, immaginava,
la biancheria intima delle donne,
i vestiti fantasma
di un bambino non ancora nato, mio padre
si sedeva a pranzo,
rompeva a pezzi
il pane duro.

Sua madre versava col mestolo
brodo per il figlio che era stato
un ragazzo malaticcio, intelligente.
Aveva la bocca piccola,
spietata nonostante la sua generosità.
Ronzava intorno per abitudine,
come se fosse impaziente
invece che circospetta.

Ma ora che lui aveva munto le sue mucche,
costruito le sue stalle, sgombrato i campi
di querce e pietre,
che motivo aveva lei
di preoccuparsi?

He let the old bread soak.
Atop the broth,
bits of cheese floated.
Mother and son spoke
few words and those
in Italian since no one
was there to hear them.

They were between wars.
They did not know, not yet,
the beginning
of being alone.
Not the way he'd write
letters from places
nearer her home than that farm,
she carrying his words folded
in her apron pocket
waiting for one visitor
who could read,
then another.

Not the way he'd sit
for a picture (he, too,
with his small mouth, dutiful,
unsmiling),
and she flattening his image
when it arrived, smoothing
and smoothing.

Or the way he'd spoon her soup
for years after
he returned, how she
would eat despite the absence of hunger.
At dawn, he'd rinse her nightgowns
in the sink.

Lui inzuppava il pane raffermo.
Pezzetti di formaggio
galleggiavano
sul brodo.
Madre e figlio dicevano
poche parole che poi
erano in italiano poiché
non c'era nessuno a sentirli.

Erano tra una guerra e l'altra.
Non conoscevano, non ancora,
l'inizio
dell'essere soli.
Né il modo in cui avrebbe scritto
lettere da luoghi
più vicini alla casa di lei di questa fattoria,
lei che portava le sue parole avvolte
nella tasca del grembiule
in attesa di un visitatore
che sapesse leggere,
poi un altro.

Né il modo in cui lui avrebbe posato
per una foto (anche lui
con la sua bocca piccola, premuroso,
senza sorridere).
e lei che lusingava la sua immagine
quando arrivava, lisciandola,
lisciandola.

O il modo in cui le avrebbe imboccato
la minestra col cucchiaio per anni
dopo il suo ritorno, come lei
mangiasse nonostante la mancanza d'appetito.

But even then, those years before,
out of the snow, out of his work
for a moment,
he must have known
that this bowl before him,
his mother's hands thick-veined as his own,
nothing ahead would conjure home for him
like this, the soup
on the table, the woman waiting,
the polenta
he cut with a string.

Ma anche allora, quegli anni prima,
via dalla neve, via dal suo lavoro
per un attimo,
deve aver saputo
che quella scodella davanti a lui,
le mani di sua madre allora con vene spesse come le sue,
niente in futuro gli avrebbe evocato casa sua
come tutto questo, la minestra
sulla tavola, la donna che aspettava,
la polenta
che lui tagliava con un filo.

Elegy for the Perfect Bones

You ulna, you radius, who used to be two foils abed in her right arm,
the painting arm that swipes her alphabets on windowsills,

heal now against her belly, toted room to room in the stiff pose of an escort.

You who let her reach for us, or push us off — her launch, her starting place,
the first trajectory of her small and deliberate arching,

who set her up on all fours, then pulled her up to fragile planets — tabletops
and second shelves,

you wives of hands, those executives, you let her clap and string her beads on,

you who tried her cartwheels, took off her hats, who let her wave, a broad salute
that made our loved ones turn one last time before departing

you

who even on your final perfect day set out to stop her fall, were marshaled up.
She bore your pieces, broken, home

to keep her history — the record of this day, the gestures of all her others,

                                                ghost fissures storytelling past flesh.

Elegia per le ossa perfette

Tu ulna, tu radio, che eravate due fioretti sdraiati nel suo braccio destro,
il braccio con cui dipinge e che pennella i suoi alfabeti sui davanzali,

guarite ora sul suo ventre, portato da stanza a stanza nella rigida posa di
    [un'accompagnatrice.

Voi che le avete permesso di allungare la mano verso di noi, o ci avete respinto —
    [il suo lancio, il suo punto di partenza,
la prima traiettoria del suo piccolo e deliberato arcuarsi,

che l'avete messa gattoni, poi l'avete tirata su verso fragili pianeti — il ripiano
    [della tavola e secondi scaffali,

voi mogli delle mani, quelle dirigenti, voi l'avete lasciata applaudire e infilarsi
    [le perline,

voi che le avete sentito fare la ruota, tolto il cappello, che le avete permesso di
    [salutare,
un largo saluto che faceva voltare i nostri cari un'ultima volta prima di partire.

voi

che anche il vostro ultimo giorno perfetto avete cercato di fermare la sua caduta,
    [eravate schierati.
Lei ha riportato i vostri pezzi, rotti, a casa.

per conservare la sua storia — l'archivio di questo giorno, i gesti di tutti gli altri,

        fessure fantasma che raccontano storie al di là della carne.

Pond Edge

At the edge of Halfmoon Pond,
I dangled an empty wine glass
in dazzling quiet. Early evening
the lid the surface kept on one kind of planet
impressed me as inviolable,
and I was grateful for it.

No swimmer, I liked this view
of water: the seamless center disturbed
by fish after clouds of gnats,
the molten colors of a late sun
rippling toward me, the small rock
of a snapper's head in weeds.

Past where it was beach no longer,
a woman strode through pond fronds
and slipped into water. That far away,
the pond blackened. Pines rose
mountainous. Only the silver fractures
of her wake divulged her.

Fear sunk its metal in me,
called up my homely longing for earth.
She moved across the water, a silent
seamstress of the surface, unallured
by sky, ethereal as the water striders
plucking pond-face at my feet.

When she made it to the opposite shore,
like a flesh-colored fish, fabulous
and supple, she flipped herself over
and swam back to where she'd come, reached

L'orlo dello stagno

Sull'orlo di Halfmoon Pond
facevo ciondolare un bicchiere di vino
in abbagliante silenzio. A prima sera
la cortina che la superficie premeva su un tipo di pianeta
mi sembrò inviolabile,
e ne fui grata.

Non sono una nuotatrice, mi piaceva questa vista
dell'acqua: il centro uniforme disturbato
dai pesci che inseguivano nuvole di moscerini,
i colori fusi di un sole tardivo
che ondeggiavano verso di me, la piccola pietra
della testa di un'abramide in alghe.

Là dove non era più spiaggia,
una donna avanzò attraverso le fronde dello stagno
e scivolò nell'acqua. Così lontano
lo stagno s'anneriva. Pini si ergevano
come montagne. Solo la frattura argentea
della sua scia la rivelava.

La paura affondò in me il suo metallo,
richiamò la mia scialba voglia di terra.
Lei attraversò l'acqua, silenziosa
cucitrice della superficie, non attratta
dal cielo, eterea come gl'insetti pattinatori
che pizzicavano il volto dell'acqua ai miei piedi.

Quando arrivò all'altra riva,
come un pesce color carne, favolosa
e agile, fece una capriola all'indietro
raggiunse a nuoto il luogo da dove era venuta,

for a towel off a tree branch
as if she'd just done something unremarkable.

The pond resumed the life she'd interrupted
or maybe once more I took note
from the dregs of a dry life,
while the simple, weeping need
I have to see to the bottom of something
soaked through me like stillness.

afferrò un asciugamano da un ramo d'albero
come se avesse appena fatto qualcosa di irrilevante.

Lo stagno ricominciò la vita che lei aveva interrotto
o forse ancora una volta presi nota
dalle fecce di una vita arida,
mentre il semplice, lacrimoso bisogno
che ho di vedere il fondo di qualcosa
mi intrise come il silenzio.

After My Nephew Reads My Poem About the Cow That Got Stuck in a Tree

"I remember that cow," my nephew says. "She's the one we pulled out of the mud with the tractor."

"No," I say. "She got stuck in a tree."

"The one who got electrocuted from her water bowl?"

"Different cow."

"The crazy one who dropped dead in the milking parlor? Heart attack?"

I shake my head.

"How about that young one, the show cow? Died in her sleep out in the pasture?" (Head tucked into her barrel the way calves sleep, fields sloughing off mist, trees alight.)

"That one broke your grandfather's heart."

He's quiet for a minute. Six foot three, my book in his hands as small as an invitation.

"Oh wait: Remember that one who couldn't calve? We hacksawed the calf out?"

"That cow bled to death. But you weren't born when that happened."

He shrugs.

"She wasn't the one who swallowed something and choked. I know that. You shoved a garden hose down her throat."

"Didn't work," I say.

"Well," he says. "Still."

"The cow in the tree wasn't any of those."

Dopo che mio nipote legge la mia poesia sulla mucca che rimase intrappolata su un albero

"Ricordo la mucca", dice mio nipote. "È quella che tirammo fuori dal fango con un trattore."
"No," dico io. "Rimase intrappolata su un albero."

"Un'altra mucca."

"Quella pazza che rimase secca nel mungitoio? Attacco di cuore?"

Scuoto la testa.

"Allora quella giovane, la mucca da esibizione? Morta nel sonno sul pascolo?" (La testa infilata nel barile come dormono i vitelli, i campi che emanavano foschia, gli alberi accesi.)

"Quella che spezzò il cuore di tuo nonno."

Sta zitto per un minuto. Uno e novanta, il mio libro nelle sue mani piccolo come un invito.

"Oh aspetta. Ricordi quella che non poteva figliare? Dovemmo far uscire il vitello
 [con una sega?'

"Quella mucca morì dissanguata. Ma tu non eri nato quando successe."

Si stringe nelle spalle.

"Non è quella che ingoiò qualcosa e soffocò. Questo lo so.
Tu gli ficcasti in gola una canna per innaffiare."

"Non funzionò," dico.

"Be Be," dice, "Eppure."

"La mucca sull'albero non era nessuna di quelle."

Nessun giorno, nessun crepuscolo, nessun amore

She didn't hang herself in a stanchion, didn't break her leg on the truck coming home from the fair and have to be shot, didn't have her cancerous eye removed too late, didn't drown in a gutter of manure.

"Why can't I remember her?" he asks.

The day we buried my father, this nephew waited for me in the house's only empty room. Soundlessly, he wept, and we returned, he and I, dry-eyed to the funeral feast.

I say, "This one, I made up."

A phantom cow that never dangled between tree limbs, sunset, autumn, in another life.

Who my nephew never towed out to the cedar swamp with the tractor, unhooking the chain from her stiff legs, one side of her face rubbed clean to the cusp of the eye socket from being dragged out with the rest of them, out of the end of the story.

Non rimase impiccata a un puntello, non si ruppe una gamba sul camion tornando dalla fiera e dovette essere abbattuta, non si fece togliere troppo tardi l'occhio canceroso, non annegò in una fossa di concime.

"Perché non riesco a ricordarla?" domanda.

Il giorno in cui seppellimmo mio padre, questo nipote mi aspettò nell'unica stanza vuota della casa. Pianse in silenzio, e ritornammo, lui ed io, con gli occhi asciutti alla festa del funerale.

Io dico, "Questa l'ho inventata."

Una mucca fantasma che non penzolò mai tra i rami di un albero, tramonto, autunno, in un'altra vita.

Che mio nipote non ha mai rimorchiato col trattore fino alla palude di cedri, sganciando la catena dalla sua coscia rigida, un lato della faccia strigliato a lucido fin sulla cuspide dell'occhiaia dopo essere stata trascinata fuori insieme alle altre, fuori dalla fine della storia.

Here and Then

At the edge of the woods
the smell of something dead rose
then vanished (in its place: wet leaves,
exhaust, old water), and returned.

Two crows, like one crow
and its shadow, flew low.
Yellow-green and rust, the canopy budded.

Bare branches of trees announced
trunk tunnels of rot. Dark morning heralded
another day's turn with rain.

Some days begin like this then veer off course.

Happiness arrives, a surprise guest,
but without the fanfare, takes a seat
and assumes the role, at least for now,
of frequent visitor.

Other days, crows strut marble-eyed
around the furred edges of a clearing.

They open wings, the true pair
and the mimic's, and coast close to earth
avoiding a sky eager to unburden itself.

Up from forest floor, the stench
of decomposing drifts, vivid one moment,
gone the next, as if decay itself
breathes in and out,

so close, it is as arresting
as the sudden appearance of happiness
and nearly as foreboding.

Qui e allora

All'orlo del bosco
si alzò l'odore di qualcsa morto
poi sparì (al suo posto: foglie bagnate,
vapore di scarico, acqua vecchia), e ritornò.

Due corvi, come un corvo
e la sua ombra, volarono bassi.
Gialloverde e ruggine, il tetto di foglie germogliò.

Rami nudi d'alberi annunciavano
tunnel di marciume nei tronchi. Una mattina scura anticipava
un altro giro di pioggia nel giorno.

Alcuni giorni cominciano così poi cambiano strada.

Arriva la felicità, ospite inatteso,
ma senza lo strombettio, si siede
e assume il ruolo, almeno per ora,
del visitatore assiduo.

Gli altri giorni i corvi incedono con occhi di marmo
attorno ai margini sfumati di una radura.

Aprono le ali, il paio vero
e quello dell'imitatore, e aleggiano raso terra
evitando un cielo ansioso di sgravarsi.

Alzandosi dal suolo della foresta, il tanfo
degli ammassi in decomposizione, vivido un momento,
poi subito scomparso, come se la putrefazione stessa
respirasse dentro e fuori,

così vicino, da far colpo
come l'improvvisa comparsa della felicità
e quasi altrettanto minaccioso.

Emma Poem

We did the best we could
and, as it played out,
we did enough.
She lived.

But alone, I can't fall asleep with it,
the what-if's, the why-didn't-we-think.

There's a slit in the cave wall
we slipped through just before
it sealed us in.

In the light outside,
(pale celebration) our arms,
the baby's hair, her mother's,
lifted.

But at night (true darkness, not
the wet-stone smell
of what we narrowly escaped),
I consider the day's artifacts
preserved in amber.

What dislodged the talisman,
we'll never know, only
that we looked down
and there it was, this relic
of good fortune
that is not
ours to keep.

Poesia di Emma

Abbiamo fatto del nostro meglio
e, come s'è visto poi,
abbiamo fatto abbastanza.
È sopravvissuta.

Ma da sola non posso addormentarmi pensandoci,
i e-se-invece, i perché-non-ci-abbiamo pensato.

 C'è una fessura nella parete della caverna,
ci siamo infilati proprio prima
che ci chiudesse dentro.

Nella luce fuori,
(pallida celebrazione) le nostre braccia,
i capelli della bambina, di sua madre,
si sono alzati.

Ma la notte (vero buio, non
l'odore di pietra bagnata da cui siamo sfuggiti per un pelo),
io considero i manufatti del giorno conservati in ambra.

Non sapremo mai
cosa ha fatto staccare il talismano, soltanto
che abbiamo guardato in basso
ed era lì, questo relitto
della buona fortuna
che non
ci appartiene.

For My Mother Who Has Never Been to Cape Cod

Bayside, the water sluices in.
A clump of seaweed, frilled and green
as a woman's scarf washes ashore
as if from a recent wreck.

(Here you'll think only of that neck,
and how its drowning undid fashionable knots,
a daughter's neck, no doubt, taken to sea
with a mother's fair warning.)

The lighthouse tolls, its call companion
to the thrum of water at ocean's end.
You'd note the pilings that list off-shore,
their salt-bleached selves useless succor for the stranded.

No one has lived here forever.
They walk so far along the beach they disappear,
but not before they leave their shoes in the sea wall's shade
so certain are they of return.

Per mia madre che non è mai stata a Cape Cod

Presso la baia l'acqua inonda.
Le onde trascinano sulla spiaggia un ciuffo di alghe,
orlato e verde come la sciarpa di una donna,
come se provenisse da un recente naufragio.

(A questo punto penserai solo a quel collo,
e come annegando sciolse nodi alla moda,
il collo di una figlia, senza dubbio, portata al mare
con l' avvertimento della madre.)

Il faro rintocca, il suo richiamo compagno
del tramestio dell'acqua al margine dell'oceano.
Tu notavi le steccaie inclinate al largo,
le loro forme sbiancate dal sale inutile soccorso per gli arenati.

È da sempre che nessuno vive qui.
Camminano così lontano lungo la spiaggia che spariscono,
ma non prima di lasciare le loro scarpe all'ombra del frangiflutti,
tanto certi sono del ritorno.

Whose Place Is It, Anyway?

In the often empty house, someone
left a door ajar and the wind
invited himself in.

Let's have a look-see,
he said. The house plants bowed.
The furnace roared.

Outside,
the river ran as if to tell someone.

Distracted by curtains,
by a stack of old mail, the wind mused:
But lovely is not the same as loved.

Then he loved and unloved even the poor dust.

Here, the host might have contented himself
knowing the wind
had never purchased a thing in his life.

But the host, of course,
was not there, was not,
like his guest, so loyal to corners.

The wind inspected each room, marveling
at the sturdy panes of glass
framing this rare view.

This river, he said — *Oh, this is many years before
your time* — *kept so many people alive.*

The river that hung now
like a painting of a river
in a vacant museum.

Ma allora di chi è questo posto?

Nella casa spesso vuota, qualcuno
lasciò una porta semiaperta e il vento
si è autoinvitato dentro.

Diamoci uno sguardo
disse lui. Le piante domestiche si inclinarono.
La caldaia ruggì.

Fuori
il fiume corse come se volesse avvertire qualcuno.

Distratto dalle tendine,
da una pila di posta vecchia, il vento meditò:
Ma amabile non è lo stesso che amato.

Poi amò e smise di amare anche la povera polvere.

Qui, il padrone di casa si sarebbe potuto accontentare
col sapere che il vento
non aveva mai comprato una cosa in vita sua.

Ma il padrone di casa, naturalmente,
non c'era, non era,
come il suo ospite, così fedele agli angoli.

Il vento ispezionò ogni camera, stupendosi
ai solidi vetri
che incorniciavano questa rara prospettiva.

Questo fiume — disse lui — *Oh, molti anni
prima del tuo tempo* — ha tenuto in vita tanta gente.

Il fiume che pendeva basso
come il dipinto di un fiume
in un museo vuoto.

Awashonks, the female sachem,
kept the wind's counsel
as she considered allegiance.

She thought, he said, *she would save this place*
for her people.
But of course you recall how that ended.

He knew full well his host
would have to look this up.

He is the kind of visitor
who must be shown the door and, leaving,
annoys small stones and branches.

Across the tennis court,
he volleyed leaves, where once
Saconnets perched their wetus.

He can stir it still, the cedar smell
of their construction,
the bulrush reeds.

Those little homes, stuffed with conch,
that kept him out.

Smug, smoking, by the banks of their river
they squatted, round and reeking
as so many graves.

Awashonks, la donna sachem,
ascoltò il consiglio del vento
mentre considerava con chi allearsi.

Pensò — disse lui — *che avrebbe salvato questo luogo
per la sua gente.
Ma naturalmente tu ricordi come andò a finire.*

Sapeva benissimo che il padrone di casa
avrebbe dovuto cercare la risposta.

È il tipo di visitatore
a cui bisogna mostrare la porta e, mentre se ne va,
importuna piccole pietre e rametti.

Dall'altra parte del campo da tennis
colpiva a volo le foglie, dove una volta
i Saconnets collocavano su sostegni i loro wetu.

Quelle piccole case, zeppe di conchiglie,
che lo tenevano fuori.

Compiaciuti, fumando, si accovacciavano
presso le rive del fiume, rotondi e fetidi
come tante tombe.

Late Blooming

When he lived alone he gave his cows
a women's auxiliary's list of names,
Dottie, Winnie, May,
Polly and her twin sister, Pearl.

Then his wife arrived, her four children
on the garage roof watching fireworks,
a townful of cousins after manure
for gardens and milk for Easter cheese.

Out hunting mushrooms, her mother
caught a hem on barbed wire.
Her father patted tractor tires,
her brothers convalesced.

He tore down walls for them, built
a closet just for ice skates. In return,
his wife named May's calf Moonbeam.
Pearl had a family of jewels.

It wasn't that he had to stop thinking
of cows as women. He'd never done that,
though he used to sing Dean Martin songs
in the milking parlor.

He had these names he recognized —
Mavis who had Marge who had May,
who might have another Mavis, strung
generations together, traceable

as one end of a necklace to the other.
But now his house collected listeners, people
with his wife's nose, and he had to say
aloud, things he'd never considered:

Emerald, Onyx, Carnelian. Mostly,
he had to get used to his own name
coming to him across fields dotted
with cows sweetly dubbed, chewing cud.

Tarda fioritura

Quando viveva da solo diede alle sue mucche
nomi di aiuto infermiere,
Dottie, Winnie, May,
Polly, e la sua sorella gemella, Pearl.

Poi arrivò sua moglie, i suoi quattro figli
sul tetto del garage che guardavano i fuochi d'artificio,
i cugini di un intero paese che cercavano il concime
per i giardini e il latte per il formaggio pasquale.

Fuori a cerca di funghi sua madre
rimase impigliata con l'orlo della veste sul fil di ferro.
Il padre di lei dava colpetti alle ruote del trattore,
i fratelli erano convalescenti.

Lui buttò giù le pareti per loro, costruì
un armadio solo per i pattini. In cambio
sua moglie chiamò Raggio di Luna il vitello di May.
Pearl aveva una famiglia di gioielli.

Non è che doveva smettere di pensare
alle mucche come se fossero donne. Non l'aveva mai fatto,
anche se cantava canzoni di Dean Martin
nel mungitoio.

Aveva nomi che riconosceva —
Mavis che aveva avuto Marge che aveva avuto May,
che potrebbe avere un'altra Mavis, infilava
insieme generazioni diverse, rintracciabili

come da un capo di una collana all'altro.
Ma ora la sua casa raccoglieva ascoltatori, gente
con il naso di sua moglie, ed ora doveva dire ad alta voce
cose che non aveva mai preso in considerazione:

Smeraldo, Onice, Cornalina. Per lo più
doveva abituarsi al suo proprio nome
che gli arrivava dall'altra parte dei campi punteggiati
di mucche dai nomi dolci che ruminavano.

The Dog Returns to a Quiet House

The dog trots back
from his wandering
along the river.

The windows are low
and even short dogs like this one
can't hide.

The dog doesn't know
he is being watched by two people
who have nothing to say
to each other.

He wouldn't care
if he did.

He would snap at an imaginary fly
or chew his own tail,
his mind uncluttered
by thoughts
of whether he is loved or not
according to his actions.

When he gets to the door
and sees the people
holding their coffee, he barks.
Let. Me. In.

They do.
He finds a rug,
commences licking.

The people resume staring
out the window where
nothing more
is promised.

Il cane torna a una casa silenziosa

Il cane torna saltellando
dai suoi vagabondaggi
lungo il fiume.

Le finestre sono basse
e neanche cani corti come questo
possono nascondersi.

Il cane non sa
che lo stanno a guardare due persone
che non hanno
niente da dirsi.

Non gliene importerebbe
se lo sapesse.

Azzannerebbe una mosca immaginaria
o si morderebbe la coda,
la sua mente sgombra
di pensieri
se è amato o no
a seconda di quello che fa.

Quando arriva alla porta
e vede la gente che regge il caffè, abbaia.
Lasciatemi. Entrare.

Lo lasciano entrare.
Trova un tappeto,
comincia a leccare.

La gente riprende a guardare
fuori della finestra dove
nient'altro
viene promesso.

I Wish My Love Was a River

I want my love to be a river.

I want birds to need him

and for his gifts, conch shells worn to smooth spirals,
black stones rubbed to reveal white eyes,
to arrive at my feet.

Gazing at him, I will be content
with a static, finite space in the universe.

Nights, he will graph a snow line on the shore
and I will know what he did as I slept.

I want him to inspire stone-skimming,
to smell cold and taste salty.

Beside him, because of him, towns will grow
and he will send up mists to blur their starry lights.

The real him, of course, will object to being a river.

Why aren't I enough? he'll say.

But I'll be dreaming of how his voice would sound
if his words traveled up through a throat full of stones.

Vorrei che il mio amore fosse un fiume

Voglio che il mio amore sia un fiume.

Voglio che gli uccelli abbiano bisogno di lui

e che i suoi doni, gusci di conchiglie levigati a forma di lisce spirali,
pietre nere lucidate fino a rivelare occhi bianchi,
arrivino ai miei piedi.

Guardandolo, mi accontenterò
di uno spazio fisso e circoscritto nell'universo.

La notte traccerà una linea di neve sulla riva
ed io saprò cosa faceva mentre dormivo.

Voglio che ispiri a far rimbalzare sassi,
a mandare odore di freddo ed avere sapore di sale.

Accanto a lui, a causa di lui, cresceranno paesi
e lui emanerà foschie a offuscare le loro luci stellate.

Il vero lui, naturalmente, si opporrà a essere fiume.

Perché non basto io? dirà.

Ma io sognerò come suonerebbe la sua voce
se le sue parole salissero su per una gola piena di sassi.

Massachusetts Aftermath

Rain falls symphonic off car roofs, window glass.
Wind, fed up with immovables, re-assaults until it upsets
shallow-rooted willows, roadside maples footed in swamp.

The morning's wet calm divulges common evidence,
grass silvered with belly-up leaves, stick-litter, one shutter
unhinged and rocking on a house still standing.

Somewhere else, people wake to neighborhoods reshuffled
by the glamour fronts of funnel clouds and hurricanes — big nature
poking fun at maps. Landmarks lead to nothing but the aftermath:

beach motels in splinters, trailer homes distributed like leaflets.
Kansas can't be Kansas anymore, not with Arkansas' bell tower,
not with a kitchen wall (clock still attached) from Oklahoma.

Here the sea drags off an occasional home, but it's a second home,
a getaway gone away, its empty rooms afloat. Miles inland,
we squat in nothing's course and nothing stunning comes undone.

Utility crews amend the worst. Treetops reach a sky unfazed by clouds.
Unchosen, we witness nothing more heroic than the birds' return,
nothing more tragic than new gaps studding forests we'd never venture into.

Il dopo a Massachussetts

La pioggia cade sinfonica sui tetti delle macchine e sui vetri delle finestre.
Il vento, stufo di oggetti inamovibili, torna all'attacco finché non sconvolge
salici dalle radici poco profonde, aceri lungo la strada coi piedi nella palude.

L'umida calma del mattino diffonde segni ordinari,
erba argentata di foglie a pancia in su, ramoscelli, una persiana
sgangherata che dondola in una casa ancora in piedi.

Altrove la gente si sveglia in quartieri rimescolati
dai fronti fascinosi di nubi a imbuto — la grande natura
che prende in giro le mappe. I punti di riferimento portano solo al dopo:

motel sulla spiaggia a pezzi, roulotte distribuite come volantini,
il Kansas non può essere più Kansas, non con il campanile dell'Arkansas,
non con una parete di cucina (l'orologio ancora appeso) dell'Oklahoma.

Qui il mare trascina via una casa di tanto in tanto, ma è una seconda casa,
un rifugio andato storto, le sue stanze vuote a galleggio. A qualche chilometro
   [dell'entroterra
noi ci accovacciamo nel corso di niente e niente di straordinario si disfa.

Le squadre dei servizi pubblici riparano il peggio. Cime d'alberi raggiungono
   [un cielo indisturbato dalle nuvole.
Senza essere scelti, noi siamo testimoni di niente di più eroico del ritorno degli
   [uccelli,
niente di più tragico di nuovi spazi aperti che tempestano foreste in cui non ci
   [siamo mai avventurati.

Something for the Man Who Has Everything

Promised: a bird sanctuary
in a place where dawn arrives
in a concert so like the gathering
of the not-to-be-outdone
that at least one visitor says,
Why not a cat sanctuary, instead?

But the prophesy materialized:
finch feeders, suet nets, pendants
of nectar.

After the final nail, one blissful moment
of silence.
What's this? The silence said,
cocking its glossy head.

And for a few days,
A Museum of Bird.

What all prophets
(and all those who pay for their services)
could stand to remember:
no creature lives
on the seed of an impulse.

After the first flurry,
the startling cameos
of ruby throat and iridescent
wing, the feeders swing, ornaments
for the bare-limbed.

Empty,
they have cured the wood
of birds. And those of us
who can afford few luxuries,
buy sleep.

Qualcosa per l'uomo che ha tutto

Promesso: rifugio per uccelli
in un luogo dove l'alba arriva
in un concerto tanto simile al raduno
di chi non vuole essere sorpassato
che almeno un visitatore dice:
Perché non un rifugio invece?

Ma la profezia si è realizzata:
mangiatoie per fringuelli, reticelle di grasso,
pendagli di nettare.

Dopo l'ultimo chiodo, un beato momento
di silenzio.
Cos'è questo? Disse il silenzio,
inclinando la sua testa lucente.

E per alcuni giorni
Un Museo dell'Uccello.

Ciò che a tutti i profeti
(e tutti coloro che pagano per i loro servizi)
poteva essere utile ricordare:
nessuna creatura vive
del seme di un impulso.

Dopo la prima raffica,
i sorprendenti cammei
di gola vermiglia e ala
iridescente, l'altalena della mangiatoia, ornamenti
per le membra nude.

Vuote,
hanno risanato il bosco
dagli uccelli. E quelli tra noi
che possono permettersi qualche lusso,
comprano il sonno.

My Stupid Cow Has a Name

Bettina reclines beneath the birdfeeder
on the front lawn of an expensive home.

She's exhausted, no doubt, from eating
all the bird seed.

She has the ability —unseen in her herdmates —
of thwapping her tongue around her muzzle
to clean off grain dust, or in this case
millet and sunflower shells.

An hour ago, the homeowner called the police.
He's menacing, she said. *He's been out there all day.*

Any other cow, my father insists,
would have crashed through the begonias,
shit on the driveway, and fled.
But my stupid cow doesn't budge.

She has a name, I say.
The fanciest one I could find for a calf
mapped with islands, black continents.

Stupid reason to want her,
my father said.
But I did.

This summer, we were asked
to loan our heifers to people
who have so much land,
they can't keep it from charging back
to wilderness.

The heifers tore up dandelions and fescue.
Rich people with binoculars settled
into Adirondack chairs to observe.

La mia stupida mucca ha un nome

Bettina si adagia sotto la mangiatoia per uccelli
sul prato davanti a una casa di lusso.

È sfinita, senza dubbio, per aver mangiato
tutti i semi per gli uccelli.

Ha l'abilità — non riscontrata nelle sue compagne di mandria —
di far schioccare la lingua attorno al muso
per ripulirlo dalla polvere di grano, o in questo caso
di miglio e gusci di girasoli.

Un'ora fa, la padrona di casa ha chiamato la polizia.
È minaccioso, ha detto. *È tutto il giorno che sta lì.*

Qualsiasi altra mucca, insiste mio padre,
si sarebbe precipitata attraverso le begonie,
avrebbe defecato sul viale d'ingresso, e fuggito via.
Ma la mia stupida mucca non si muove.

Ha un nome, dico io.
Il più estroso che potessi trovare per un vitello
con mappe di isole, continenti.

È un motivo stupido volerla,
disse mio padre.
Ma io la volevo.

Quest'estate ci hanno chiesto
di prestare le nostre giovenche a gente
con tanta terra
che non possono impedire che essa
ridiventi incolta.

Le giovenche strappavano denti di leone e festuche.
Gente ricca coi binocoli si accomodava
su sedie Adirondack a osservare.

When the audience ventured to the fence,
the cows approached, twitching nostrils.
But if the people reached for them,
they'd rocket off, tails corkscrewing.

All of them except Bettina.

She's accustomed to me losing my fingers
in the bull-curls pinwheeling
on her forehead.

She's got a bull's head, too,
my father says, but he's never rubbed his cheek
against the mattress of her face.

He's never felt her eyelashes bat
against his.

The woman of the house stays on her porch, the police officer
on the other side of his cruiser.

My father finds no holes
in the thousands of feet of barbed wire he checks.

She'll get out every god-damn day now, he says.

I say she's ready to come home,
slip a halter over her head and tug her to her feet.
Birdseed dusts her flanks.

That's all there is to it? the woman calls.

Bettina arches her back,
lifts her tail, and pees, a musical fountain
that pools beneath the feeder.

Then she climbs into the truck bed
and noses the alfalfa at her feet.

Quando gli spettatori si avventuravano fino allo steccato,
le mucche si avvicinavano torcendo le narici.
Ma se la gente allungava la mano verso di loro,
saettavano via con le code che giravano a spirale.

Tutte tranne Bettina.

È abituata a vedermi perdere le dita
nei riccioli taurini a mulinello
sulla fronte.

Ha anche la testa di un toro,
dice mio padre, ma non ha mai strusciato il collo
sul materasso della sua faccia.

Non ha mai sentito le sue ciglia battere
contro le proprie.

La padrona di casa rimane sulla veranda, il poliziotto
dall'altra parte della sua radiomobile.

Mio padre non trova nessun buco
nelle centinaia di metri di filo spinato che controlla.

Ora uscirà fuori ogni maledetto giorno, dice.

Io dico che è pronta per tornare a casa,
infilarle in testa una cavezza e tirarla ai suoi piedi.
Semi per uccelli le impolverano i fianchi.

Tutto qui? grida la donna.

Bettina arcua il dorso,
alza la coda, e piscia, armoniosa fontana
che forma una pozza sotto la mangiatoia.

Poi sale sul fondo del camion
e annusa l'erba medica ai suoi piedi.

He killed my lawn! the woman says.

If it dies, call us, my father tells her,
and I add, *We'll bring you some manure.*

The woman is still talking when the truck starts up,
but my father and I look towards home. Bettina
turns at last to wonder what the fuss is.

Quello ha ammazzato il mio prato! dice la donna.

Se muore, chiamaci, le dice mio padre,
ed io aggiungo, *Ti porteremo un po' di concime.*

La donna sta ancora parlando quando il camion s'avvia,
ma io e mio padre guardiamo verso casa. Bettina
alla fine si gira per chiedersi cos'è tutto quel trambusto.

Halfmoon Pond, Summer 2005

This year, the hottest, driest yet,
the pond retreats and leaves a cuff of sand.

Dragonflies flit — blacker, scarcer, than
the blue needles of last year's damsels.

Fish flop and dart. We have seen no turtles
and wishing conjures only the misleading buds of pond lilies.

In the cabin, my mother stacks dishes, runs water,
the wilderness of summer spaces
camouflaging colanders and cookie sheets.

Why return to a place we know so well?
My husband and my daughters, my mother
on her only vacation.

Having nothing else to discover, we measure:
warmer, more shallow, less abundant, oddly plentiful.

No more the mere mulling of sunsets with wine.

Today we learned the pond sinks seventeen feet,
as if it matters, though now, of course, it must.

I hope turtles migrate so that, in a pond nearby
or an impossible distance away, they glide
through the shallows then disappear into depths.

One tree, a maple, leans far over the water,
Narcissus dreaming, silver-limbed.

"They'll have to cut that before it falls," my mother says,
beside me now that, inside, she's restored order.

I know, though I don't tell her: It only wants the sun.

Lo stagno della mezzaluna, estate 2005

Quest'anno, il più caldo, il più secco di tutti,
lo stagno si ritira e lascia un lembo di sabbia.

Volteggiano libellule — più nere, più scarse,
degli aghi blu delle damigelle dell'anno scorso.

I pesci piombano e guizzano. Non abbiamo visto tartarughe
e il desiderio fa comparire solo le gemme delle ninfee.

Nella cabina mia madre accatasta piatti, fa scorrere l'acqua,
le lande degli spazi estivi
mimetizzano colabrodi e lastre per biscotti.

Perché ritornare nei posti che conosciamo così bene?
Mio marito e le mie figlie, mia madre
che fa la sua unica vacanza.

Non avendo nient'altro da scoprire, misuriamo:
più caldo, meno profondo, meno abbondante, stranamente copioso.

Smettere di rimuginare sui tramonti con il vino.

Oggi abbiamo appreso che lo stagno si abbassa più di cinque metri,
com se importasse, anche se adesso, beninteso, deve importare.

Spero che le tartarughe migrino di modo che, in uno stagno
qui vicino o lontano a una distanza impossibile, scivolino
attraverso le secche e poi spariscano nel fondo.

Un albero, un acero, s'addentra inclinato sull'acqua,
Narciso che sogna, membra d'argento.

"Dovranno tagliarlo prima che cada." dice mia madre,
accanto a me ora che ha ristabilito l'ordine dentro di sé.

Lo so, anche se non glielo dico: vuole soltanto il sole.

Where We Were

The day Kennedy was shot, I rode in the grain cart
on a burlap sack, pajamas sticky with molasses.

My sister scooped around me, tossing cows their rations.
The pipeline's vacuum pulsed. Cows sighed and grunted.

Pellet by pellet, I ate before the batting heads of Holsteins.
My sister sang *I Could Have Danced All Night,* then left to take a bath for school.

My father sang *O Solo Mio,* set me on his lap, my hand on cow belly.
The stool tied around his hips followed us udder to udder.

Tails swirling, the dogs dashed in as if with news. My father shooed them.
The manure spreader was busted, the grain bill overdue.

The next day, when the barn doors opened, old Faith and Lettie,
bull-shouldered Olive, all the rest, plodded to their places, hollered for food.

One dog sliced its paw open; the other licked it clean.
That's how it goes, my father said. *Ignore them and they'll heal each other.*

My sister pushed the grain cart with me atop, different pajamas.
My father sang *Everybody Loves Somebody Sometime.*

Dove eravamo

Il giorno in cui fu assassinato Kennedy, io mi trovavo nel carro del grano
su un sacco di tela, il pigiama appiccicoso di melassa.

Mia sorella raccoglieva con una paletta e gettava alle mucche le loro razioni.
Il vacuum pneumatico della tubatura pulsava. Le mucche sospiravano e
    [grugnivano.

Pastiglia dopo pastiglia, io mangiavo davanti alle teste altalenanti delle Holstein.
Mia sorella cantava *I Could Have Danced All Night,* poi andò via a fare il bagno
    [per la scuola.

Mio padre cantava *O sole mio,* mi mise sulle ginocchia, la mia mano sul ventre
    [di una mucca.
Lo sgabello legato attorno ai fianchi ci seguiva da mammella a mammella.

Con le code che mulinavano i cani accorsero come se portassero notizie. Mio
    [padre gli faceva sciò.
La concimatrice s'era rotta, la fattura del grano scoperta.

Il giorno seguente, quando si aprirono le porte della stalla, le vecchie Faith e Lettie,
Olive dalle spalle taurine, tutte le altre, arrancavano verso i loro posti, chiedevano
il cibo con urlando.

Uno dei cani si fece un grosso taglio alla zampa; l'altro lo ripulì leccandolo.
Le cose vanno così, disse mio padre. *Non fargli caso e si guariranno a vicenda.*

Mia sorella spinse il carro del grano con me sopra, pigiama diverso.
Mio padre cantò *Everybody Loves Somebody Sometime.*

A Bird in Period Three British Literature

> "Rarely, rarely comest thou,
> Spirit of Delight!"
>   Percy Bysshe Shelley

Mid-winter we read sonnets. My students slouch:
 This has nothing to do with us.

They have almost convinced me.

 I skipped the Cavaliers, fast forwarded a hundred years
to avoid the comments that would follow

 To the Virgins, saved one boy's life from being publicly doomed,
chaste and seemingly unsalvageable.

 What could I have said?
That we aren't who we are in high school?

 That none of us is anywhere forever?
That we all eventually get laid?

 Though they *would* sit up, if I said that.

Today, even I want to watch the movie instead,
 the quatrains set on a cliff, the couplet enacted by glamorous people.

I wish for chemistry lab explosions, water main ruptures,
 the inexplicable loss of electricity.

Someone send us home.

 But curriculum, that nest, presents its full bowl:
Finish, it urges. To my students I say, *Come back.*

 When I do, a bird flies in, a sparrow overhead in frantic swipes.

Un uccello alla terza ora di letteratura inglese

> *"Raramente, raramente vieni,*
> *Spirito di gioia!"*
> *Percy Bysshe Shelley*

A metà inverno leggiamo sonetti. I miei studenti siedono scomposti.
Questo non ha niente a che fare con noi.

Mi hanno quasi convinta.

Ho saltato i Cavalieri, avanti veloce cento anni
per evitare i commenti che avrebbero seguito.

Alle Vergini ha salvato la vita di un ragazzo dall'essere pubblicamente
    [condannato,
casto e apparentemente irredimibile.

Cosa avrei potuto dire?
Che non siamo quello che siamo al liceo?

Che nessuno di noi è in qualche posto per sempre?
Che prima o poi finiamo tutti per scopare?

Anche se si *tirerebbero* su se dicessi questo.

Oggi anch'io preferirei guardare il film,
    le quartine ambientate su una rupe, i distici interpretati da persone
        [affascinanti.

Auspico esplosioni nel laboratorio di chimica, crepe nelle condutture dell'acqua,
    la perdita inspiegabile di corrente.

Qualcuno ci manda a casa.

Ma il curriculum, quel covo, presenta la sua scodella piena:
Finite, esorta. Ai miei studenti dico, *Tornate indietro*.

Quando torno io, un uccello vola dentro, un passero che svolazza
    [frenetico.

It wings into a window that never opened,
        even in its architect's imagination.

Where did that come from? How could it enter
        this sealed-tight place without a bell-ringing invitation?

Finally — questions that merit response.

        My students confess everything: windows sledge-hammered open,
emergency exits propped to allow a seam of air.

        In the basement I didn't dream existed, underground as subway,
they skip math, skateboard.

        Rooftops, loading docks, doors with mysteriously mangled locks —
a species apart divulges.

        The custodian arrives with a mop, swabs ceiling tiles,
lights that have blinked off all year in rhythm with our own lapses.

        The poor bird whips itself against glass.

Come back, says the world: grass islands,
        ice patches forcing reeds, a sky whitened by the portent of weather.

The sparrow dips. We duck, applaud. The custodian
        considers, hands on hips, how to get this done without a net.

My students wonder, too, how do we leave
        a place and not return, or when we must stay put, elude?

On the chalk tray, the sparrow perches, stone-eyed, heart flashing in his breast.
        Everyone looks to me for answers —

the virgins, the once-loved, the envied,
        those left behind to clean up when we're through.

Oh, my audience, my grounded ones, I say: *Here are words.*

Vola contro una finestra mai aperta,
    nemmeno nella fantasia dell'architetto.

Da dove è venuto? Come ha potuto entrare
    in questo posto sigillato senza un invito di campanelli?

Finalmente — domande che meritano una risposta.

    I miei studenti confessano tutto: finestre aperte con una mazza,
uscite d'emergenza puntellate per permettere un filo d'aria.

    Nella cantina che non sognavo esistesse, sotterranea come la metropolitana,
saltano la matematica, vanno in skateboard.

    Tetti, piani caricatori, porte con serrature misteriosamente mutilate —
una nuova specie si diffonde.

    Il bidello arriva con una scopa di filacce, passa lo straccio sulle piastrelle del
        [soffitto,
sulle luci che hanno brillato a intermittenza tutto l'anno al ritmo delle nostre
        [proprie mancanze.

    Il povero uccello va a sbattere contro il vetro.

Tornate indietro, dice il mondo: isole d'erba,
    pezzi di ghiaccio che spingono le canne, un cielo sbiancato dal portento del tempo.

Il passero discende. Noi ci abbassiamo, applaudiamo. Il bidello
    considera, con le mani sui fianchi, come fare senza una rete.

Anche i miei studenti si domandano come si fa a lasciare
    un posto senza tornare, o quando si deve rimanere, eludere?

Il passero si posa sulla vaschetta del gesso, occhi di pietra, cuore che gli balena in petto.
    Tutti mi guardano cercando risposte —

le vergini, una volta amate, invidiate,
    quelli che rimangono indietro a pulire quando abbiamo finito.

Oh, mio pubblico, miei terricoli, dico io: *Ecco delle parole.*

Ice Skates

The woman arrives in a silver sedan, mirror-clean.
The sun sinks; the ice pond darkens.
Introduced, the woman and I shake hands,
hers gloved, mine in mittens.

She has come to see: Can she still skate?
I have not been skating, have only watched my daughters
stutter across the ice, but I carry skates
I discovered in my fieldstone basement.

If you're leaving, the woman says, *might I borrow those?*
I hold them out, laces hopelessly knotted,
boots dotted with mold, blades rusted.
Oh, she says, *I couldn't possibly use these.*

It is always like this. Me offering things
that no one else would use, a beach chair flecked
with bird shit, a baby gate missing a screw, a sweatshirt
with the oniony smell of last night's dinner.

Her husband comes around the car to explain:
She fell once skating on blades like that.
I have the kind of husband who wouldn't consider
my skate blades. This is not a criticism.

That's why I didn't skate, I say. *I'll get them sharpened.*
Both lies. I will return them to the cellar,
and they will remind me how we give ourselves away
every day to those who could never love us.

Pattini da ghiaccio

La donna arriva in una berlina d'argento, lucida come uno specchio.
Il sole affonda; lo stagno ghiacciato s'oscura.
Dopo le presentazioni la donna ed io ci diamo la mano,
le sue in guanti, le mie in manopole.

È venuta a vedere: riesce ancora a pattinare?
Io non ho pattinato, ho solo guardato le mie figlie
muoversi a strappi attraverso il ghiaccio, però porto pattini
che ho scoperto nella mia cantina fatta di pietre di campo .

Se va via, dice la donna, *potrebbe prestarmeli?*
Glieli faccio vedere, i lacci irrimediabilmente annodati,
gli stivali cosparsi di muffa, le lame arrugginite.
Oh, dice, *non potrei assolutamente usare questi qui.*

È sempre così. Io che offro cose
nessun altro userebbe, una sedia da spiaggia
chiazzata di cacche di uccello, cancelletto per bambini a cui manca una vite,
una felpa con l'odore di cipolla della cena di ieri sera.

Suo marito gira attorno alla macchina per spiegare:
Una volta è caduta pattinando su lame come queste.
Io ho il tipo di marito che non prenderebbe in considerazione
le lame dei miei pattini. Non è una critica.

È per questo che non pattino, dico io, *le farò affilare.*
Doppia bugia. Le riporterò in cantina,
e mi ricorderanno come ci scopriamo
ogni giorno a coloro che non potrebbero mai amarci.

Homesick at the Sober Pot Luck

The hostess does not want wine,
insists that I return it to the car. Outside,
the tidal river retreats leaving bits of shell,
weeds it will, moonstruck, return for.

It's light out, finally, spring, and I want
to go home. My girls will be on the swings
after supper, barefoot though it's cold.
The higher they swing, the louder the song.

But I didn't drive here and, as passenger, I must
go back inside or slide into the seat and wait
as other guests arrive with couscous, fruit,
with box mix brownies.

This morning at the bus stop, a hawk
swooped down and plucked a sparrow
off the hedge. The sparrow screamed, the hawk
spread its wings, bleak awnings, lifted off.

The girls stared into the woods long after
there was nothing left to see. They had been singing,
jackets unzipped and flapping. There are places,
my own birds, we are sorry to find ourselves.

I go back inside and remove my coat, lay it
over the arm of a sofa no one has sat on.
Promptly I am told that in a house this small
— arm sweep — everything has its place.

I find the closet for my coat, sparrow-
shouldered on its hanger. At home, the girls
will be called in, swings swinging empty for as long
as it takes the day's final notes to fade.

The hostess touches chair backs, coaxes us
to supper. Outside, sunset roils the river.
The bad news is you can't stop any day
from its end. The good news is the same.

Nostalgia di casa a una cena sobria di potluck

La padrona di casa non vuole vino,
insiste che io ritorni alla macchina. Fuori
il fiume soggetto a maree si ritira lasciando pezzetti di conchiglie,
erbacce che, toccato dalla luna, tornerà a riprendersi.

Fuori è chiaro, finalmente, primavera, ed io voglio
andare a casa. Le mie figlie andranno sulle altalene
dopo cena, a piedi nudi benché faccia freddo.
Più in alto arrivano, più forte è la canzone.

Ma non ho guidato io la macchina e, come passeggera, devo
tornare dentro o scivolare nel sedile e aspettare
che arrivino gli altri invitati con il cuscus, la frutta,
biscotti al cioccolato fatti con la miscela in scatola.

Stamattina alla fermata dell'autobus un falco
è piombato giù ed ha afferrato un passero
su una siepe. Il passero ha urlato, il falco
ha esteso le ali, fosche tende, e ha spiccato il volo.

Le ragazze hanno guardato il bosco per molto tempo
dopo che non c'era più niente da vedere. Si erano messe a cantare,
i giubbotti aperti che sbattevano. Ci sono posti,
uccelletti miei, in cui ci dispiace ritrovarci.

Rientro e mi tolgo il soprabito, lo poso
sul bracciolo di un divano su cui non si è seduto nessuno.
Subito mi hanno detto che in una casa così piccola
— la lunghezza di un braccio — tutto è al suo posto.

Trovo l'armadio per il mio soprabito, spalle
di passero sulla gruccia. A casa le ragazze
verranno chiamate a rientrare, l'altalena rimasta a dondolare vuota
finché non si smorzano le estreme note del giorno,

La padrona di casa accarezza gli schienali delle sedie, ci persuade
a sederci a cena. Fuori, il tramonto intorpidisce il fiume.
Il brutto è che non puoi impedire a nessun giorno
di morire. Il bello è la stessa cosa.

At Helen's House

The old man held rat snakes
in our faces until they struck air.
We learned to weed fast
and get out of their garden.
In the pear tree's shade, the old man
laughed into his jelly glass.

We married young, me to a sailor
who named our oldest daughter
after his girlfriend, my sisters
to boys from across the river.
My brother married Helen
and moved to Hope Valley.

At Helen's house, you wouldn't
trust stone walls, tree limbs,
stream edge, for the snakes.
They basked and rattled,
slung themselves through grass.
The children shot them with bb's.

We women stayed inside
and played rummy. Smoke
hovered over us like summoned spirits.
Afraid to be caught, we tossed
aces Helen scooped up, grinning
from behind a fan of face cards.

When we rinsed a cup,
my brother pitched a dead snake
against the window. We screamed,
everyone except Helen
in whom the sinuous vine of fear
was not trained.

A casa di Helen

Il vecchio reggeva serpenti dei ratti
davanti al nostro volto finché non colpivano l'aria.
Abbiamo imparato a estirpare velocemente le erbacce
e uscire dai loro giardini.
All'ombra del pero, il vecchio
rideva nel suo bicchiere per gelatina.

Ci siamo sposati giovani, io a un marinaio
che diede il nome della sua ragazza
alla nostra figlia più grande, le mie sorelle
a ragazzi dell'altra parte del fiume.
Mio fratello sposò Helen
e si trasferì a Hope Valley.

A casa di Helen non ti fideresti
dei muri di pietra, i rami d'albero,
i margini di un ruscello, per via dei serpenti.
Prendevano il sole e sbatacchiavano,
si scagliavano nell'erba.
I bambini gli sparavano con pistole ad aria compressa.

Noi donne rimanevamo dentro a giocare a ramino. Il fumo
si librava su di noi come spiriti invocati.
Temendo di essere sorprese, buttavamo giù
assi che Helen raccoglieva, sogghignando
da dietro un ventaglio di figure.

Quando lavavamo una tazza,
mio fratello lanciava un serpente morto
contro la finestra. Noi davamo urla,
tutte tranne Helen
in cui la pianta sinuosa della paura
non era cresciuta.

Instead, she called through the screen:
Take them swimming,
though she had no children,
had sat our babies on her lap
and hummed
to the tops of their heads.

The children piled into the Chevy,
bare legs bruised
and writhing on the seat.
They hung out windows
waving as we waved them off.
No one thought of towels.

Alone on the porch, I stood
and watched for snakes
to slip back into sun the way water,
newly undammed, rises in low places,
but the yard was grass and rock,
a droning insect, a brown bird.

Inside, I heard them thank God
for the quiet. Helen had one card left.
Helen those last summers of her life
winning another hand,
the kind of woman you could lose to,
even I who lost to many other women.

Helen, who walked barefoot
out here, looking up as if charmed
by changes in wind, unmindful
of the musk that rose from the grass
as she strode, the fear,
the warning rattle all around her.

Invece gridava attraverso la zanzariera:
Portateli a nuotare,
benché non avesse figli,
si metteva i nostri bambini sulle ginocchia
e canticchiava
sulle loro teste.

I ragazzi si ammucchiavano nella Chevy,
con le gambe nude contuse
e si contorcevano sui sedili.
Penzolavano dai finestrini
salutando con le mani noi che li salutavamo.
Nessuno aveva pensato agli asciugamani.

Sola sulla veranda, stavo lì in piedi
in attesa dei serpenti
che tornavano a scivolare nel sole come l'acqua
appena liberata dalla diga, si alza in luoghi bassi,
ma il praticello dietro casa era erba e sassi,
un insetto che ronzava, un uccello marrone.

Dentro le ho sentite ringraziare Dio
per la quiete. A Helen rimaneva una carta.
Helen in quelle ultime estati della sua vita
che vinceva un'altra mano,
il tipo di donna con cui potevi perdere,
persino io che avevo perso con molte altre donne.

Helen, che camminava scalza
qua fuori, guardando in alto come se fosse incantata
dai cambiamenti del vento, incurante
del muschio che si alzava dall'erba
mentre camminava, la paura,
il rantolo ammonitore tutt'intorno.

The 4-H Club's First Spring

These kids are not farm kids,
but their mothers want them to know
where their food comes from.

So they arrive on a day
when a calf is dying, stretched out
in sun.

Its muzzle accordions over blue gums.
Its breathing ruffles dirt.

The kids draw close with a bottle topped
by a red nipple.

They wait. But dying
is less compelling than dead, so they scatter,
kick stones.

The bottle tilts into grass.

Their mothers remain.
They ask,
What can be done?

Over a half door in the stanchion barn,
a cow with a crescent moon on her forehead
watches, too.

The hired man lifts the calf,
steadies it between his legs, and forces
the nipple in.

Milk trickles
past the useless tongue, soaks
dewlap, brisket.

Meanwhile, the cow paces the length
of the doorway, moos.

La prima primavera del circolo 4-H

Questi ragazzi non sono contadini,
ma le loro madri vogliono che sappiano
da dove viene il loro cibo.

Cosi arrivano un giorno
quando il vitello sta morendo, disteso
al sole.

Il suo muso si arriccia sopra gengive blu.
Il suo fiato scompiglia il terriccio.

I ragazzi si avvicinano con una bottiglia
tappata da una tettarella rossa.

Aspettano. Ma il morire
fa meno colpo dell'essere morto, così si sparpagliano,
danno calci ai sassi.

La bottiglia s'inclina verso l'erba.

La madre rimane.
Domandano,
Cosa si può fare?

Da sopra una mezza porta della stalla a box
una mucca con una mezzaluna in fronte
guarda anch'essa.

Il bracciante solleva il vitello,
lo tiene fermo tra le gambe, e spinge
dentro la bottiglia.

Il latte gocciola
oltre l'inutile lingua, bagna
la giogaia, la punta del petto.

Intanto la mucca va avanti e indietro
nel vano della porta, muggisce.

The mothers touch each other, thinking:
She knows, knows the way we know.

But the hired man says: *That's just Barbara,
all cooped up, waiting to have her own calf.*

The mothers turn for a moment,
ruminate on this.

No one considers Barbara's imminent pain
only what will come of it:

Calves and more calves, the pitiless ooze
of spring, as if one small being means
no more than any other.

Beside a fallow field, their children
have discovered the manure pile.

Barbara rubs her glossy neck
against wood as worn as an old horn.

The mothers frown as if she can help it,
the jaunty tip of her white moon hat.

Le madri si toccano, pensando:
Lei lo sa, lo sa come lo sappiamo noi.

Ma il bracciante dice: *È solo Barbara,*
rinchiusa, in attesa di figliare anche lei.

Le madri si voltano per un momento,
ci ruminano sopra.

Nessuno considera il dolore imminente di Barbara,
solo quello che ne verrà:

vitelli e ancora vitelli, l'impietoso fluire
della primavera, come se una piccola creatura
non avesse più significato di qualsiasi altra.

Accanto a un maggese, i loro figli
hanno scoperto il mucchio di concime.

Barbara strofina il suo collo lucido
contro legno consumato come un vecchio corno.

Le madri disapprovano come se potesse farne a meno,
la punta spavalda del suo cappello di luna.

The Only Other Person in the World

We had, that summer,
my cousin and I, in one twin bed,
what we would only ever have again with lovers:

the intoxication of drowsiness and velvet weather,
the running out of things to say
except for things we'd never told anyone.

The moon came in over cows' backs, thistles,
over frog song, barn cats
licking gravy off pie tins on the steps.

Mornings, we wondered: Did we dream it?
The bright kitchen clattered.

When she left,
oh, hole in every summer,
she took some memory of my sleeping weight,
of a pulse blinking in my neck, the route of spine
beneath my nightgown, skin.

I took the words she read off the ceiling.

The farm is sold, the cows and hay fields. The cats,
rheumy-eyed, snarl at headlights
before they disappear into woods.
The house itself burned down.

She and I meet now at well-lit gatherings,
touch an arm we've slept against.
What's left to say? I've given none of it away.

Though if she asked, I would tell her:

L'unica altra persona al mondo

Quell'estate avevamo,
io e mia cugina, in un letto a una piazza,
quello che avremmo avuto soltanto con amanti:

l'ebbrezza della sonnolenza e il tempo di velluto,
il non avere più niente da dirsi,
tranne le cose che non avevamo mai detto a nessuno.

La luna entrò sopra i dorsi delle mucche, cardi,
sui canti delle rane, gatti di stalla
che leccavano la salsa nelle teglie per torte sui gradini.

La mattina ci chiedevamo: l'abbiamo sognato?
Acciottolio nella cucina luminosa.

Quando andava via,
oh, un buco in ogni estate,
portava con sé qualche ricordo del mio peso nel sonno,
di un pulsare nel mio collo, il percorso della spina dorsale
sotto la mia camicia da notte, pelle.

Io prendevo le parole che leggeva sul soffitto.

La fattoria viene venduta, mucche e campi di fieno. I gatti,
con gli occhi catarrosi, ringhiano ai fari delle macchine
prima di sparire nel bosco.
La casa stessa fu distrutta in un incendio.

Io e lei ora c'incontriamo in riunioni ben illuminate,
tocchiamo un braccio contro il quale abbiamo dormito.
Cosa rimane da dire? Non ho rivelato niente.

Ma le direi, se me lo chiedesse:

I have stood over the house's foundation,
stones split by heat, imagined how smoke,
bits of ash, must have drifted
along the unchanged path of the moon.

But she doesn't ask and I don't offer.
We drift, too, scatter ourselves through crowds.

Sono stata sulle fondamenta della casa,
le pietre spaccate dal calore, immaginando come il fumo,
pezzetti di cenere, devono avere vagato
lungo l'immutato cammino della luna.

Ma lei non chiede e io non mi offro.
Anche noi vaghiamo, ci disperdiamo tra la folla.

The Ancients Called it Sun
for Tony

June came in like three wet dogs
in a carpeted room where
drapes in open windows
absorbed the monsoon view.

We spent the first days conjuring
the names of clouds, thrilled
that the past was retrievable after all —
nimbus, cumulus, something like a circus.

When we started to confuse cloud names
with dog stars, when clouds confused themselves,
impenetrable layerings, we invented ways
to make light of the weather.

Looks like rain, we'd say, to strangers
yanking apart glazed grocery carts.
From inside their flapping hoods,
they'd ask if we were growing gills.

We walked — *Got to keep from rusting!* —
but rapacious vines clogged paths.
Sprinklers doused the real thing, waxed foliage
to a sci-fi, carnivorous luster.

Mid-month, hair salons went belly up.
Cannibalistic beaches gnawed Cape Cod to its bicep.
Inland, rotted fence posts released
cattle, buoyant as bubbles.

On the twentieth, we made poor time
to the Fathers Day cookout,
the world a funhouse reflection cellophaned.
Cars stalled in interstate vernal pools.

Gli antichi lo chiamavano sole
per Tony

Giugno entrò come tre cani bagnati
in una stanza moquettata dove
le tende nelle finestre aperte
assorbono la vista del monsone.

Passammo i primi giorni a rievocare
i nomi delle nuvole, entusiasti
che tutto sommato il passato fosse recuperabile —
nembo, cumulo, qualcosa come un circo.

Quando cominciammo a confondere i nomi delle nuvole
con quelli delle stelle canine, quando le nuvole stesse si confondevano,
strati impenetrabili, inventavamo modi
per prenderci gioco del tempo.

A quanto pare pioverà, dicevamo, a gente sconosciuta
che dava strattoni a carrelli della spesa per separarli.
Da dentro i capucci che sbattevano
domandavano se stessimo crescendo branchie.

Camminavamo — *Per non arrugginire!* —
ma rampicanti rapaci ostruivano i sentieri.
Gli irrigatori annaffiavano le cose vere, davano al fogliame
un lustro da fantascienza, carnivoro.

A metà del mese i saloni di bellezza chiusero bottega.
Spiagge cannibali rosero Cape Cod fino al bicipite.
Verso l'interno, paletti di steccato marci facevano uscire
le bestie, allegre come bolle d'aria.

Il venti, arriviamo tardi
al pasto all'aperto della Festa del Papà,
il mondo un riflesso in cellofan di una casa dei divertimenti.
Automobili ferme in parchi macchine primaverili.

All we need is sheep shit, said an in-law,
and we'd have our own Ireland.
Beneath a golf umbrella, the host grilled.
We envied fire its forfeit.

Longest day of the year, someone offered.
We assumed he had invented another game —
ways to sum up the gloom, the malaise,
the unmitigated moss.

We found one frog next to the toaster
early one morning, though we'd dispensed
with sorting the day
into time slots based on light.

Soothsayer, kin, he proffered a webbed foot
and we handled him as reverently
as a prophet, pausing in the storm
to breathe through our own skin.

The second frog was on the bathroom tile,
pressed flat as one of those decals
that kept people from slipping in the tub
before showering was considered superfluous.

Unlike the first visitor, this one kept still, dull
as lichen. When touched,
he leapt behind the bowl. We retrieved him
as if no membrane wrapped his entrails.

He slid drab lids across his eyes.
His pulse beat against our palm, alive,
alive, alive, in a verdant world where
insides were outsides.

In protest he flipped himself, revealed
the coinage of his underside, gold
as prehistory. The yellow startled us so,
we nearly let him go.

Ci servono solo cacche di pecore, disse un parente acquisito,
ed avremmo la nostra propria Irlanda.
Sotto un ombrello da golf il padrone di casa cuoceva ai ferri.
Invidiavamo al fuoco la sua resa.

Il giorno più lungo dell'anno, propose qualcuno.
Supponemmo che avesse inventato un altro gioco —
modi di ricapitolare la tristezza, il malessere,
l'irrimediabile muschio.

Quell'ultima settimana trovammo una rana,
la mattina presto, benché avessimo fatto a meno
di ordinare il giorno
in fasce di tempo basate sulla luce.

Indovina, nostro simile, offrì un piede palmato
e noi la trattammo con la reverenza
di un profeta, sostando nella tempesta
a respirare attraverso la nostra propria pelle.

La seconda rana era sulla mattonella del bagno,
appiattita come quelle decalcomanie
che impediscono alla gente di scivolare nella vasca
prima che fare la doccia fosse ritenuto superfluo.

A differenza della prima ospite questa rimase ferma, noiosa
come un licheno. Quando la toccavamo,
saltava dietro la ciotola. L'abbiamo ripescata
come se nessuna membrana gli avvolgesse le viscere.

Fece scorrere palpebre grigiastre sugli occhi.
Sentivamo il suo battito contro il nostro palmo, viva,
viva, viva, in un mondo verdeggiante dove
il dentro era il fuori.

Per protesta fece una capriola, rivelò
il color moneta del suo ventre, d'oro
come la preistoria. Il giallo ci sorprese tanto
che quasi la lasciammo andare.

Poem for Rain After A Month of Rain

We'll drag our mattress outside
and you can sleep in our bed.
Every night.

You first. You best.
Sole heir to our simple estate.

For you the biggest slice
of cake, a corner piece
complete with sugar roses.

Star of photo albums,
memorialized on film,
pet of pageants.

A room of your own,
a dog and a pony,
two ponies,
our mother's mother's diamond ring.

We'll love you
more than anyone else.

Is that what you've been after?
Love?

And now that you have it —
our devotion, our attention,
our small fortune,

will you give way,
take one small turn
with a sibling sun?

Poesia per la pioggia dopo un mese di pioggia

Trascineremo fuori i nostri materassi
e tu puoi dormire nel nostro letto.

Tu il primo. Tu il migliore.
Unico erede della nostra modesta proprietà.

Per te la fetta di torta
più grande, un pezzo d'angolo
completo di rose di zucchero.

Star degli album fotografici,
cocco delle parate.

Una stanza tutta tua,
un cane e un pony,
due pony,
l'anello di diamanti della madre di nostra madre.

Ti ameremo
più di chiunque altro.

Era questo che cercavi?
L'amore?

E ora che ce l'hai —
la nostra devozione, la nostra attenzione,
la nostra piccola fortuna,

cederai un poco,
farai un piccolo giro
col sole fratello?

The Good Selfishness

Off the ferry, I head east,
pause at a gallery with paintings
of faces, close-ups, one canvas
with a forehead, bridge of nose, one eye,
another with a temple, ear, knob of cheekbone,
as if I have stopped too near a conversation.

In the cottage, I walk from room
to room then sit at the table and write.
This why I have come all this way alone.
I try the argument of good selfishness
aloud to a wooden bowl centerpiece.
It regards me with an empty socket.

I imagine calling home, telephone
against the open mouths, the jaws
of those I love, their nostrils alert as horses'.
At night, I choose a bed and listen to the work
of fog on dresser drawers.
Outside, doors open and close, open.

Dawn, I run, shop windows drawing me
bauble by bauble along the route,
my legs as separate from me
as the legs of dog-walkers, of men pacing
scaffolding to paint a second story pink.
The storefront with the seductive eye

reminds me I am done thinking
of small things to buy: sea shell soaps,
kimono slippers, sun catchers to cast
veins on my daughters' upturned faces,
on my hands at the sink. Running has broken
something in me, a block of thought dismantled

L'egoismo buono

Scesa dal traghetta mi avvio in direzione est,
mi trattengo in una galleria con quadri
di volti, primi piani, una tela
con una fronte, ponte del naso, un occhio,
un'altra con una tempia, un orecchio, una bozza di zigomo,
come se mi fossi fermata troppo vicino a una conversazione.

Nel villino cammino da stanza
a stanza, poi mi siedo al tavolo e scrivo.
È per questo che sono venuta così lontano da sola.
Propongo il ragionamento dell'egoismo buono
ad alta voce ad un vaso di legno al centro.
Mi guarda con un'occhiaia vuota.

Immagino di chiamare casa, telefonare
contro le bocche aperte, le mascelle
di chi amo, le loro narici all'erta come quelle dei cavalli.
La notte scelgo un letto e ascolto l'opera
della nebbia sui cassetti del comò.
Fuori le porte si aprono e chiudono, si aprono.

All'alba corro, le vetrine che mi attirano
ninnolo dopo ninnolo lungo il percorso,
le mie gambe separate da me
come le gambe degli accompagnatori di cani, degli uomini
che camminano sui ponteggi per pitturare rosa un secondo piano.
La facciata di un negozio con occhio seducente

mi ricorda che ho finito di pensare
a cosette da comprare: saponi a forma di conchiglie,
pantofole per kimono, acchiappa sole per gettare
vene sulle facce in su delle mie figlie,
sulle mie mani nel lavello. La corsa ha rotto
qualcosa in me, una folla di pensieri smontati

like the table whose legs we remove to fit it
through a doorway. When I pick up my pen,
it nods and nods, an agreeable instrument dedicated
to unpacking. A clock chimes the quarter hour,
chips chiseled off the statue
of a morning and then the day itself

until to places I love, comes night. White sheet
off my husband's shoulder, one daughter examining
her knee for a bruise, my sister's hand on her pillow,
the fingers of the doctor who set a bone in me,
the electrician who wired my house for light,
drumming countertop and thigh.

I've come so completely away,
I've interrupted nothing. The cottage clicks,
strange clocks, boards creak. Next week,
another stranger will trail scent
up the stairs and stand before the bed
uncreased as an empty page, as a beautiful brow.

come il tavolo a cui togliamo le gambe
per farlo entrare nell'uscio. Quando prendo la penna,
continua ad annuire, uno strumento compiacente
dedicato a disfare le valige. Un orologio batte il quarto d'ora,
schegge scalpellate dalla statua
di un mattino e poi il giorno stesso
finché non viene la notte ai luoghi che amo. Lenzuolo bianco
sulla spalla di mio marito, una figlia che esamina
un livido sul ginocchio, la mano di mia sorella sul suo cuscino,
le dita di un dottore che mi ha messo a posto un osso,
l'elettricista che mi fatto l'impianto elettrico a casa,
tamburellando su banco e coscia.

Sono venuta così completamente,
non ho interrotto niente. Nel villino si sentono
colpi secchi, strani orologi, le assi cigolano. La settimana prossima
un altro sconosciuto seguirà l'odore
sulle scale e si fermerà davanti al letto
senza pieghe come una pagina bianca, come una bella fronte.

Here's to John Grimes

buried in the woods, 1764, who sought
no company eternally but had himself laid down
in the humus of the forest floor,

no more John Grimes, no record of his birth,
of where he lived and if he loved and what his work
had been, but whose tombstone asks all who pass

to add a stone, and here it grows in silence
under trees, stone upon stone, the ground for paces
around, soft as flesh, and still

the living pause and hunt, compelled to honor one
who loved these woods or solitude
or tribute, until two hundred years the hands, the hands

that made this pile then went on pointing out the birds
have been reduced to bone and less, and our hands now
so warm with stones we've walked awhile to find

contribute, so we can move back through copper light
that leaves above and underfoot produce as if
to underscore the myth that we, too, will be remembered.

A John Grimes

sepolto nella foresta, 1764, che non cercò
compagnia per l'eternità ma giacque
nell'humus del sottobosco,

niente più John Grimes, nessun documento della sua nascita,
di dove abitasse e se amasse e che tipo di lavoro
facesse, ma la sua lapide chiede a tutti i passanti

di aggiungere una pietra, e qui cresce in silenzio
sotto gli alberi, pietra su pietra, il suolo per diversi passi
intorno soffice come la carne, ed ancora
i vivi si fermano e vanno a caccia, indotti a onorare
chi amava questi boschi o questa solitudine
o tributo, finché dopo duecento anni le mani, le mani

che costruirono questo tumolo e poi indicavano gli uccelli
sono state ridotte a ossa e meno, e le nostre mani ora
riscaldate dalle pietre che ci hanno fatto camminare un bel po' per trovarle

danno il loro contributo, così possiamo tornare attraverso la luce ramata
prodotta dalle foglie in alto e sotto i piedi come per sottolineare
il mito che anche noi saremo ricordati.

Bayside

This morning, the tide is out.
The topography of shallow pools
and sand bars beached in random fashion
is like the view of this planet from space —

except for the terrier who bounds
in and out of water, back and forth, in circles.
After what? Small fish? His own reflection?
The hissing, glittering light?

His quarry draws him so far away,
he is himself an illusion, something dark
that darts along a glistening line
of infinite shore until he hears his name.

I'd like to be called back like that,
my joy a marvel to another and then,
the slow return to Earth, a glance cast back,
one glance, at the blue I'd come through.

Sulla baia

Stamani c'è la marea.
La topografia di polle poco profonde
e banchi di sabbia sparsi a caso sulla spiaggia
è come la vista di questo pianeta dallo spazio —

tranne il terrier che saltella
dentro e fuori dell'acqua, avanti e indietro, in cerchio.
Cercando cosa? Pesciolini? Il suo proprio riflesso?
La luce che sibila e luccica?

La sua preda lo attira così lontano
che lui stesso è un'illusione, qualcosa di scuro
che saetta lungo una linea lucida
si riva infinita finché non si sente chiamare.

Anche a me piacerebbe essere chiamata così,
la mia gioia una meraviglia per qualcun altro e poi
il lento ritorno sulla Terra, uno sguardo lanciato indietro,
uno sguardo, all'azzurro che avevo attraversato.

Alone in the Tiverton House

The dog, drowsy from yesterday's anesthesia, naps.
The cancer, for now, is gone.

Dennis has taken the girls to the playground,
sun off the monkey bars, their palms wrung with cold.

February. No boats on the river, the clock frozen.

Hours ago, one hundred seven geese floated by. A hawk
swung low, his shadow undulating across the smooth-stoned beach.

Nothing moves now but river and sun lowering itself to water.

If a door closes on the opposite shore,
someone home at the end of a day, it does so without my notice.

There were days everyone else returned to someone,
and here again is the life I had, an afternoon of my own noises.

What's different? The river, this room,
where a lily's leaf extends a fraction of an inch.

Maybe just that relative silence exists, and in it I sit,
all my love accounted for.

In the time the sun takes to touch river, it is possible to need nothing.

Sola nella casa di Tiverton

Il cane, sonnacchioso dopo l'anestesia di ieri, fa un pisolino.
Il cancro, per ora, non c'è più.

Dennis ha portato le ragazze al parco giochi, il luccichio del sole
sulle barre per arrampicarsi, i loro palmi contorti dal freddo.

Febbraio. Nessuna barca sul fiume, l'orologio ghiacciato.

Qualche ora fa centosette oche sono passate scivolando sull'acqua.
Un falco ha volato basso, la sua ombra ondeggiante lungo la spiaggia di sassi
    [levigati.

Niente si muove ora tranne il fiume e il sole che si abbassa sull'acqua.

Se una porta si chiude sulla riva opposta, qualcuno
di ritorno a casa alla fine del giorno, lo fa senza che me ne accorga.

C'erano giorni in cui tutti gli altri tornavano a qualcuno,
e qui di nuovo c'è la vita che avevo, un pomeriggio di rumori miei.

Cosa c'è di diverso? Il fiume, questa camera,
dove la foglia di un giglio si protende meno di un centimetro.

Forse esiste solo quel silenzio relativo, ed io mi ci trovo dentro,
tutto il mio amore al suo posto.

Nel tempo che il sole ci mette a toccare il fiume, è possibile non aver bisogno
    [di niente.

THE BORDIGHERA POETRY PRIZE

Announcing an Annual Book Publication Poetry Prize

Sponsored by
THE SONIA RAIZISS-GIOP CHARITABLE FOUNDATION
Offering a $2,000 Prize to an
American Poet of Italian Descent

GUIDELINES FOR COMPETITION

• *The prize, consisting of book publication in bilingual edition by Bordighera, Inc., is dedicated to finding the best manuscripts of poetry in English by an American poet of Italian descent, to be translated upon selection by the judges into quality translations of modern Italian for the benefit of American poets of Italian ancestry and the preservation of the Italian language. Each winning manuscript will be awarded a cash prize of $1,000 to the winning poet and $1,000 for a commissioned translator.* The poet must be a US citizen, but the translator may be an Italian native speaker, not necessarily a US citizen. The poet may translate his/her own work if bilingually qualified. *Submission may be made in English only or bilingually.*

• The poet must submit **TWO** *copies of 10 sample pages of poetry in English on any theme.* Quality poetry in any style is sought. Universal themes are welcome. The final book manuscript length should not exceed 48 pages since, including the translations, the published, bilingual book will be 96 pages in length. To give the translator time to complete the work, the entire winning manuscript will not be due for at least 6 months after selection of the winner.

• The 10 sample pages of poems in English IN DUPLICATE should be on white 8 1/2 by 11 standard paper, clearly typed and photocopied. (Singlespaced except between stanzas with no more than one poem to a page, though a poem may run on to more than one page.) Be sure to label all pages with titles of poems and number them from 1 to 10. *The applicant's name should NOT appear on any poetry pages.* Staple the pages securely together and *attach a cover page to each of the two copies with name, address, telephone, e-mail if applicable, and brief biographical note of the author.* The remainder of the manuscript should be anonymous. Poems contained in the submission may have appeared in literary magazines, journals, anthologies, or chapbooks. Include an acknowledgments page if applicable.

THE BORDIGHERA POETRY PRIZE

GUIDELINES FOR COMPETITION
(continued)

- *If poems have already been translated into modern Italian, submission of a bilingual sample is encouraged* making a 20 page sample with a translation page following each English page. Include name and biographical note of translator on the cover pages.

- *Manuscripts will be judged anonymously.* The distinguished judge for the 2009 and 2010 awards is **Patricia Fargnoli.**

- Applicants should retain copies of their submission, which will not be returned.

- *Submissions must be postmarked by May 31st each year.* **Mail to:**

    Daniela Gioseffi, Coordinator, Poetry Prize
    Bordighera Press, Inc.
    c/o John D. Calandra Italian American Institute
    25 W. 43rd Street, 17th Floor
    New York, NY 10036

- Include a *self-addressed stamped business-sized envelope* for notification of the winners.

- For acknowledgment of receipt, send a *self-addressed postcard.*

- The decision of the judges will be final. Winners will be announced by November each year.

- Bordighera, Inc. and the judges reserve the right not to award a prize within a given year if no manuscripts are found to be eligible for publication.

- The author and translator will share in the royalties in the usual amount of a standard book contract to be drawn between Bordighera, Inc. and the author and translator.

www.ingramcontent.com/pod-product-compliance
Lightning Source LLC
Chambersburg PA
CBHW032143040426
42449CB00005B/376